LA CORBATA Y SU MANUFACTURA

La corbata y su manufactura

Estudio histórico, crítico y anecdótico

por

P. RODÓN Y AMIGÓ

1 9 3 4

CATALUÑA TEXTIL

MUSEO, 17 y 18 — BADALONA

© de la presente edición
del 2025:

Editorial Gráficas Maxtor
Fray Luis de León, 20
47002 Valladolid (España)
+34 983 090 110
info@graficasmaxtor.es
www.graficasmaxtor.es

I.S.B.N. 978-84-1171-123-4
depósito legal: DL VA 520-2025

DEDICATORIA

Al colosal actor

Don Enrique Borrás

GLORIA DE LA ESCENA
CATALANA Y CASTELLANA.

Su fraternal amigo

EL AUTOR

I. HISTORIAL DE LA CORBATA

Aún cuando la corbata constituya un minúsculo accesorio de la indumentaria, no deja de tener suma importancia todo cuanto con ella se relaciona, ya sea en el sentido de su evolución histórica, ya sea en el sentido de sus diversas formas, ya sea en el sentido de su manufactura industrial.

Para ciertos autores, el origen de la corbata es muy antiguo, aún cuando de él no se pueda decir, como del de otras cosas, que su principio o nacimiento se halle perdido en la obscuridad de los tiempos, por considerar, tales autores, como una de las primeras formas de la misma, el focalo de seda, lana o algodón; cuya *prenda de abrigo* consistía en el *simple pañolón o tira* que, *para preservarse del frio,* llevaban anudado flojamente al cuello los soldados de los ejércitos romanos en sus expediciones a los paises nórdicos.

Tal concepto es, a todas luces, problemático, por cuanto del referido hecho podría derivarse con más razón, quizás, el origen de la bufanda, que se emplea propiamente hoy para el mismo objeto que antes el focalo; mientras que la corbata, tal como se viene usando desde su aparición hasta los actuales tiempos, cumple un objetivo exclusivamente de carácter estético y no preservativo.

En la Edad Media y durante el Renacimiento, la forma de los vestidos no permitía el aditamiento de la corbata, siendo entonces usadas primeramente las golas malladas (figura 1) y más tarde las gorgueras engomadas o frisadas dobles y sencillas, cuyas prendas, más incómodas que peligrosas cuando en sus primeros tiempos cubrían todo el cuello hasta el nacimiento del pelo, y las que después dejaron al descubierto no solamente el cuello, sino que también parte del pecho, fueron empleadas cuando se llevó el pelo corto, o algo corto. Más tarde se usaron los cuellos altos, los collarines plegados y las

Fig. 1. El gran trágico Enrique Borrás en su rol de «Roger de Flor» del «Camí del sol», *de Guimerá.*

FIG. 2. Retrato de Cervantes,
por *Juan de Jáuregui*.

golillas simples (figura 2) o las de encaje y punto, hasta que con el uso de las pelucas blancas o rubias iniciado por Luís XIV, todas aquellas ligaduras molestas cedieron su paso a las cintas y a los lazos de colores brillantes, que la frivolidad del Rey Sol puso de moda.

Pero al igual que el focalo: las gorgueras, los cuellos altos, los collarines, las golillas y las cintas ¿pueden considerarse como formas primitivas de la corbata? Nosotros creemos que no, aún cuando tales accesorios sean citados por el único autor, conocido de nosotros, que ha tratado algo extensamente de todo lo referente a esa prenda. Nos referimos a M. Emile, quién con el facecioso título de *Baron de l'Empesé,* escribió en francés el *Arte de ponerse la corbata*, obra traducida al castellano y editada en 1832, en Barcelona, por la Librería Saurí y Compañía.

En nuestro concepto, el origen de la corbata, dentro la idea que de tal accesorio se tiene en nuestros días, cabe todo lo más suponerlo en la especie de pañolín de lino ceñido al cuello, anudado por delante y con sus puntas caídas sobre el pecho (¡adorno, ya!), que llevaban los individuos de un regimiento de croatas llegado a Francia en 1660, cuyo pañolín era de tela ordinaria para los soldados y de tela fina para los oficiales. El nombre de tal accesorio, que fué en su principio el de *croata*, por corrupción se transformó más tarde en el de *corbata*, al empezar a usarse dicha prenda, primeramente en igual forma y enseguida en otras diversas formas, por las principales clases de la Sociedad. Las corbatas de esa época, muy costosas por ser confeccionadas de finísima tela con puntas bordadas o guarnecidas de encajes blancos de gran valor, eran llevadas, exclusivamente, por el Rey (figura 3), por la Corte y por la Magistratura.

En tiempo de Luís XV, las corbatas grandes iniciadas por su antecesor, fueron substituídas por otras más estrechas y mezquinas (figura 4); y en los de Luís XVI volvieron a renacer, si bien con menos suntuosidad y amplitud (figura 5), las que fueron estiladas por su penúltimo antecesor, el más ilustre y grande de los reyes de Francia.

FIG. 3. Luís XIV, *por Coysevox*

FIG. 4. Luís XV, *por Drouais*

Fig. 5. Luís XVI, *por Hondon*

Más tarde, la Revolución de 1789, generalizó el uso de la corbata, al ser confeccionada ésta con telas de diversas clases, accesibles a todas las fortunas. y con hilos de color, en lugar de blancos, que se ensuciaban menos fácilmente. Tales corbatas se ajustaban al cuello, primeramente por medio de cintas y, más tarde, por medio de corchetes o de hebillas, tomando las de tal naturaleza el nombre de corbatín.

Hasta últimos del siglo XVIII, la corbata fué llevada casi no mas que por los petimetres y por todos aquellos otros que no querían salirse del tono de la moda, preocupándose grandemente todos los elegantes de aquel tiempo del complicado problema de su manera de ostentarla, dando con ello lugar a que, en París, el italiano Stefano Demarelli se pusiese a enseñar en seis lecciones, a nueve francos cada una, el arte de anudar con gracia y elegancia de diversa manera las corbatas, y el que, en 1818, se publicase en Inglaterra un *Tratado sobre la manera de ponerse la corbata*, probablemente el que debía inspirar al citado M. Emile la redac-

Fig. 6. Saint-Just

ción del suyo; en el cual, este último autor, en dieciocho lecciones, enseña y demuestra treintidós modos diferentes de ponerse aquella prenda.

De no tener en cuenta la grandísima consideración que mereció antaño tal accesorio de la indumentaria, preferentemente masculino, podríamos reputar, en el presente, como conceptos faceciosos los que se desprenden de los siguientes párrafos que transcribimos del aludido Tratado.

«El arte de ponerse la corbata es, para los hombres de mundo, lo que el arte de dar comidas para los hombres de Estado».

«Se presenta un hombre decente en una sociedad brillante en la que se gloria de tener gusto y talento (en cosas de moda, se entiende), saluda, le contestan, se le pregunta como está, etc.

«Los cumplimientos que le hagan serán siempre en proporción al modo como lleve puesta la corbata, además de su traje, aunque esto sea, sin embargo, lo primero en que se repara.

«Lleva una corbata de tres palmos, de un

Fig. 7. Napoleón I

solo color, puesta sin cuidado y sin elegancia; ni siquiera se advertirá si el corte de su frac se resiente de la antepenúltima moda. Todo se olvidará para fijar la atención en su corbata. El recibo que se le haga, será con frialdad y apenas se levantarán para saludarle; pero si el nudo de su corbata está hecho con maestría, aunque su vestido lo esté por un sastre de rincón, al momento dejarán sus sillas con respeto; correrán a su encuentro, se le ofrecerá el asiento que se ocupaba, y todos los ojos estarán fijos en la parte de su cuerpo que separa las espaldas de la parte inferior de la cara. Si habla, se le escuchará con profunda atención. Aunque diga una sarta de disparates, se le pondrá a las nubes... ¡Es un hombre que ha estudiado a fondo la teoría razonada de los treintidós modos de ponerse la corbata!».

Y en otra parte añade:

«Si, como dijo Buffon, el estilo hace el hombre, nosotros, a nuestra vez, podremos decir que la corbata es el hombre mismo; es el termómetro que gradua su gusto por la elegancia y educación».

Fig. 8. 1797   Fig. 9. 1798

FIGURINES DE EPOCA

Fig. 10. 1807   Fig. 11. 1821

El que la corbata fuese tan grandemente considerada desde los inicios de su uso hasta los tiempos del referido autor, lo prueba, a mayor abundamiento, la importancia que se daba a la clase de corbatas que eran llevadas por algunos grandes hombres.

Con respecto a la que usaba el célebre revolucionario Saint-Just (figura 6), miembro de la Convención francesa, tal circunstancia no ha pasado por alto a algunos de sus historiadores. En una pintura que del mismo hace Carlos Nodier, se lee lo siguiente:

«En mi infancia – dice – he visto Saint-Just. Estaba lejos de tener la suave gentileza de fisonomía que le ha atribuído el lapiz litográfico. Sus cejas, en parte barradas, daban a sus rasgos una expresión dura que se esforzaba aún en acentuar y exagerar. **Su corbata voluminosa,** de una seda fina y de una blancura siempre brillante, aunque tiesa y apretada, imponía a su cabeza un aspecto inmóvil y perpendicular que nada tenía de gracioso».

Y de M. E. Massé, a propósito del propio Saint-Just, son los dos siguientes párrafos:

Fig. 12.   1822   Fig. 13.   1823

FIGURINES DE EPOCA

Fig. 14.   1833   Fig. 15.   1834

«Otras inquietudes le asaltan: ahora debate cuerpo a cuerpo con la Convención y es en el tumulto inaudito de la Asamblea popular que se apasiona secamente y su cara de mármol, que no quiere estremecerse ante el peligro, como no se estremecerá ante la muerte, **se levanta de los pliegues de su alta corbata** por encima de los debates más apasionados».

«En la Consergería no intenta escapar a su destino, ni por la astucia, ni por la violencia, y permanece casi indiferente, cuidadoso de conservar hasta el fin la bella inmovilidad de su rostro y la corrección de su vestir. Ante la muerte es rígido, como inexistente ya. **Su corbata misma** está bien puesta».

Y con respecto a las corbatas usadas por Napoleón el Grande, M. Emile ha referido lo siguiente:

«También era negra la corbata favorita de Napoleón (figura 7): en las batallas de Lodi, Marengo, Austerlitz, Wagram, etc., **llevaba una corbata negra** [1] que le daba

---

[1]   Puesta debajo el cuello de su casaca. – N. del A.

Fig. 16. El fatuo

Fig. 17. El fanfarrón

dos vueltas, atada por detrás con un pequeño nudo. Uno de los de su séquito observó
que el día de la batalla de Waterlóo, contra
su costumbre, **llevaba una corbata blanca**
sujetada con un lazo corredizo, sin embargo
de que la víspera llevaba la usual».

De manera, que la corbata no solamente
era el hombre mismo, sino que el simple
cambio de una de un color por otra de color
distinto, supersticiosamente pudo ser considerada, por ciertas gentes, como la determi-
nativa catastrófica de toda una serie conti-
nuada de brillantes éxitos.

Tal importancia se daba, pues, a aquella
prenda, que la estructura y demás circunstancias de la misma, no solamente se rela-
cionaban con hechos de la índole de los
referidos, sino que, también, más preferentemente aún, con las condiciones morales de
todos cuantos la venían usando como aditamento a su respectivo traje.

Claro está que la gran variedad de corbatas que se llevaron ya durante la primera
mitad del pasado siglo, tales como las que,
según los figurines de la época dibujados por

Fig. 18. El enamorado romántico

Fig. 19. El calavera

Gavarni, se representan en las figuras 8 a 15, se prestaba a que cada uno pudiese elegir *libremente* entre ellas la que más se acomodaba a su peculiar manera de ser; y por ello algunos psicólogos han afirmado que, según el modo de llevarla, según la forma, dibujo y colorido de la misma, se podía deducir el carácter de cada uno... pero, en realidad de verdad, hoy no debe considerarse así. La corbata constituye un aditamento al traje, y la estética de la indumentaria exige el que la elección de aquella, más que libre, sea subordinada a la forma, dibujo y colorido de aquel, para combinar bellamente con el mismo; y, bajo tal sentido, es más bien la elección del vestido lo que, en todo caso, podría determinar más directamente el carácter de la persona.

Y por ser así, podemos considerar como una lástima grande el que la Diosa Moda al imponer a todos los elegantes, de cualidades morales diferentes, determinados modelos de corbatas para cada uno de sus trajes, nos prive de distinguir **exclusivamente**, y de una manera que resultaría fácil, por la com-

Fig. 20. El modesto o tímido

Fig. 21. El celoso

postura o por el sentido ornamental de aquellas, el hombre fatuo, el fanfarrón, el enamorado romántico, el calavera, el modesto o
tímido, el celoso, etc., entre todos los demás,
si tales condiciones de los mismos no nos
fuesen reveladas por su propia *pose*, por los
rasgos fisonómicos de su cara o por la
inconfundible expresión de sus ojos, que tan
bien reflejara con su lápiz el admirable y
admirado artista don Eusebio Planas en los
dibujos de tales tipos por él ejecutados (figuras 16 a 21)... ¡sin tener que parar mientes
en las diferenciaciones de las diversas formas
de sus corbatas!

Diferenciaciones y formas que en la indumentaria civil, embelleciendo un gran
número de trajes del paisanaje de la Europa
Central y Oriental, se han venido constantemente escalonando, de unas a otras determinadas épocas, dentro su relativamente poco
remoto origen. El cual si, como tal, es más
o menos discutible que se pueda apoyar en
el hecho relatado de los croatas, dentro de
la indumentaria militar es indiscutibe el que
la adaptación de la corbata es debida al uso

FIG 23
D. Francisco Serrano

FIG. 22   FIG. 24
D. Juan Prim   D. Juan Bautista Topete

Gloriosos caudillos de la Revolución española de 1868.

del pañolín que llevaban anudado al cuello, con sus puntas caídas sobre el pecho, aquellos tan aguerridos soldados mercenarios de la Croacia, venidos de su patria a diversos Estados de la Europa Occidental.

A raiz de ello, dicha prenda fué adoptada seguidamente por las fuerzas terrestres y marítimas de diferentes naciones. En España, tanto el Ejército como la Armada, usaron la corbata no solamente durante los siglos XVII y XVIII, como consta en las pocas e incompletas descripciones que de ello han sido hechas, sino que, también, durante el siglo XIX, conforme puede apreciarse en los retratos de los gloriosos caudillos de la Revolución Española de 1868, don Juan Prim (figura 22), don Francisco Serrano (figura 23) y don Juan Bautista Topete (figura 24); siguiendo usándose aún en el presente.

ILUSTRACIONES DEL CAPÍTULO I

II. ASPECTO ARISTÓCRATA, REVOLUCIONARIO, IMPERIALISTA, BURGUÉS, REPUBLICANO Y DEMOCRÁTICO DE LA CORBATA.

L A corbata, a través del tiempo, por su más o menos vistosa compostura, por la clase de telas, adornos, dibujos y colores que la han distinguido, por el ambiente político y social que ha motivado cada una de sus variadas formas, o por otras determinadas circunstancias, ha sido aristócrata, revolucionaria, imperialista, burguesa, republicana y democrática.

Realmente fué aristócrata la corbata de gran tamaño compuesta de muselina blanca con adornos de valiosos encajes y finos bordados, también blancos, usada exclusivamente, en Francia, por la realeza, por los nobles y por la magistratura, en tiempos de Luís XIV; introducida en nuestro país por su nieto Felipe V – de mala memoria en Cataluña – con su *Decretum Jovis, de Gonellia,*

«Decreto de Júpiter sobre la golilla», si bien dejando el uso de esta última a los letrados. jueces, médicos y demás que, por sus cargos, debían aparecer siempre graves. Y fueron así mismo consideradas de igual manera, aquellas otras corbatas que, derivadas de la de Luís XIV, fueron llevadas, durante los reinados de Luís XV y Luís XVI, por todas las clases altas de la sociedad; conforme puede verse en el retrato del grandielocuente político Conde de Mirabeau (figura 25), militar en su juventud, cuyo amor a la libertad le hizo considerar incompatible con la misma el uniforme que vestía, al creer que «los ejércitos permanentes no son buenos más que para sostener autoridades arbitrarias», sin que tales ideas le hubiesen privado, más tarde, probablemente por sus relaciones ocultas con el Rey y por el dinero que de éste recibía, de convertirse en un valioso paladín de la Monarquía, cuya ruidosa y sangrienta liquidación vino a precipitar la inesperada muerte de tan eminente orador, ocurrida en pleno período constituyente; hundimiento que tal vez se habría

FIG. 25. Mirabeau

evitado o cuando menos retardado, si a Luís
XVI no le hubiese faltado, para su sosteni-
miento, la elocuentísima y arrebatadora
palabra de aquel incomparable coloso de la
tribuna parlamentaria, alma y verbo de la
Asamblea Constituyente; el cual, por otra
parte, vistió siempre la corbata aristocrática,
cuya imponderable blancura hacía destacar,
más aún, la fealdad tan pronunciada de su
rostro, picado de viruelas. La tal corbata,
complementando el traje nobiliario vestido
por Mirabeau, contrastaba grandemente con
la que, desprovista de encajes y bordados,
fué permitida a los individuos del tercer
estado al empezar su funcionamiento la
Asamblea Constituyente.

«En aquella ocasión — ha escrito el erudito
indumentista alemán Max von Boehn — el
gran maestro de ceremonias, Dreux de Brezé,
echó mano del ceremonial de corte de 1614
y prescribió a los miembros de la Asamblea
el traje que debían llevar, procediendo con
gran tacto al señalar el de los individuos del
tercer estado, que por su color y falta de
adornos resultaba un tanto humillante. Este

Fig. 26. Un elegante de la época de
la Revolución francesa.

golpe maestro de un hábil cortesano, fué causa de que la Asamblea se constituyese dentro de una atmósfera de disgusto, y Mirabeau tuvo, gracias a esto, fácil pretexto para pronunciar su primer fogoso discurso contra la desigualdad del traje. Uno de los primeros actos de la Asamblea nacional fué la abolición solemne de todas las diferencias de clase, en cuanto al vestido; y los nobles que habían querido tan celosamente tener un privilegio exclusivo para llevar plumas, encajes, tacones encarnados, etc., hubieron de ver como los plebeyos declaraban que ya no daban valor alguno a tales tonterías y se las consentían a los lacayos. Esto significaba para el tercer estado el triunfo en toda la línea; la primera prerrogativa de la clase privilegiada quedaba abolida; las demás siguieron la misma suerte con alarmante rapidez».

Así no es de extrañar, pues, el que la corbata *de muselina blanca con adornos de valiosos encajes y finos bordados, también blancos,* por el privilegio de clase que había hasta entonces disfrutado, fuese desposeída del mismo como todos los demás accesorios

Fig. 27. Robespierre

Fig. 28. Danton

característicos del traje nobiliario y el que, por contraposición a ese significado de aquella prenda nívea de la indumentaria masculina, viniese a ser considerada como revolucionaria la corbata hecha con telas de *colores claros* y puntas de encaje en sus extremidades que, al ser adoptada por los petímetres del período revolucionario (figura 26), vino a romper con ello la tradición de las corbatas blancas estiladas por los tres citados Luises de Francia y sus respectivas Cortes; cuya moda de corbatas a colores claros fué imponiéndose tan lentamente, que un hombre como Robespierre, tildado de vestir muy sobriamente, aún llevaba, en 1794, la corbata del antiguo régimen (figura 27). Sin duda alguna, el tigre de Arrás, aquél mediocre orador que nunca pudo medir su premiosa, lenta y fría palabra con la elocuencia exhuberante, avasalladora y cálida de Mirabeau; aquel fanático gobernante que, considerándose a si mismo un Lutero de la política, convirtió la guillotina en instrumento de gobierno: debía considerar que *el hábito no hace el monje,* por lo tocante a su corbata.

Fig. 29. Marat

Danton y Marat no fueron del mismo parecer que Robespierre en cuanto al uso del referido indumento. Danton, el tribuno popular y político ecuánime, aquel hombre cuya belleza de alma era diametralmente opuesta a la fealdad tan característicamente pronunciada de su rostro, también picado de viruelas y que, además, por la circunstancia de tener su nariz y labios partidos a causa de las cornadas recibidas en su juventud en una lidia contra un toro, tenía su semblante de una expresión tan deprimente, que el feísimo Mirabeau podía considerarse, a su lado, casi como un Adonis: Danton—repetimos—aquel entusiasta y fervoroso partidario del partido de la Montaña, cuyo humor alegre, bondadoso corazón y generosos sentimientos le hacían ser adorado por todos sus amigos: aquel formidable y a la vez moderado innovador social que ejerció sobre la Convención una influencia, sinó mayor, tan grande como la de Mirabeau sobre la Asamblea Constituyente: vigorizó, por decirlo así, el carácter grave y serioso de su corbata antiaristocrática (figura 28), apartándola comple-

Fig. 30. Una «maravillosa» y un «increíble»

tamente del aspecto espectacular y popula-
chero que a la suya había dado el ambicioso
y revolucionario Marat, cuyo inquieto y
revoltoso político por medio de su fogoso
periódico «El Amigo del pueblo», halagando
las bajas pasiones del populacho con la
versión de las más extrañas, utópicas y es-
trafalarias ideas, proclamaba que «la libertad es una mentira para el que nada tiene»
y que «debía enriquecerse a los pobres, matan-
do y despojando a los ricos»: para vestir su
corbata en consonancia con sus atribiliarias
opiniones, dió a la suya el aspecto más
revolucionario de todas cuantas fueron usadas en su tiempo, no solamente por la enor-
midad de las bagas y puntas de su lazo, si
que también por su desordenada y antiesté-
tica estructura. (figura 29).

Quizás por todo lo dicho o, mejor dicho,
por reflexión y emulación de lo dicho, entre
los contemporáneos de Danton y Marat, la
corbata revolucionaria adquirió rápidamente
gran aceptación, que se fué acentuando después de la introducción de la corbata de fantasía, excesivamente alta y ancha, de tonos

FIG. 31
Tela napoleónica

poco juiciosos o mas bien exagerados que, a partir de la época del Directorio, ostentaba en su indumentaria cierta clase de jóvenes a los cuales se dió el nombre de *Increibles* (figura 30), por la gran afectación y esmero que empleaban en su traje y en su manera de hablar, lo propio que las elegantes de aquel tiempo que, por las mismas causas, fueron llamadas *Maravillosas.*

La calificación de imperialista resulta muy apropiada a la corbata que en tiempos del primer Imperio llevaban los bonapartistas a manera de emblema de sus ideales, por estar adornadas sus respectivas telas con insignias napoleónicas, tales como las abejas, las cruces de honor, las enes laureadas, las águilas, las coronas y demás atributos imperiales, que en progresión siempre creciente, a medida del creciente entusiasmo de los franceses por su *bravo emperador,* fueron aplicados primeramente a los estandartes y banderas de los regimientos y a los mantos y espadas de aquel nuevo César y, más tarde, a la decoración de las tapicerías, cortinajes y sillerías de sus diversos palacios

FIG. 32

Tela napoleónica

y a la ornamentación de distintas telas; de
cuyas últimas se representan dos esbeltas
composiciones en las figuras 31 y 32.

La corbata burguesa, que se empezó a

Fig. 33. Corbata burguesa

usar un poco antes del período de la Restauración (Luís XVIII, 1814-1824) y sobre todo
durante el mismo, constituyendo un remedo
de la corbata aristocrática, era alta, de doble
vuelta, nudo grueso por delante y toda ella
henchida vanidosamente sobre el pecho

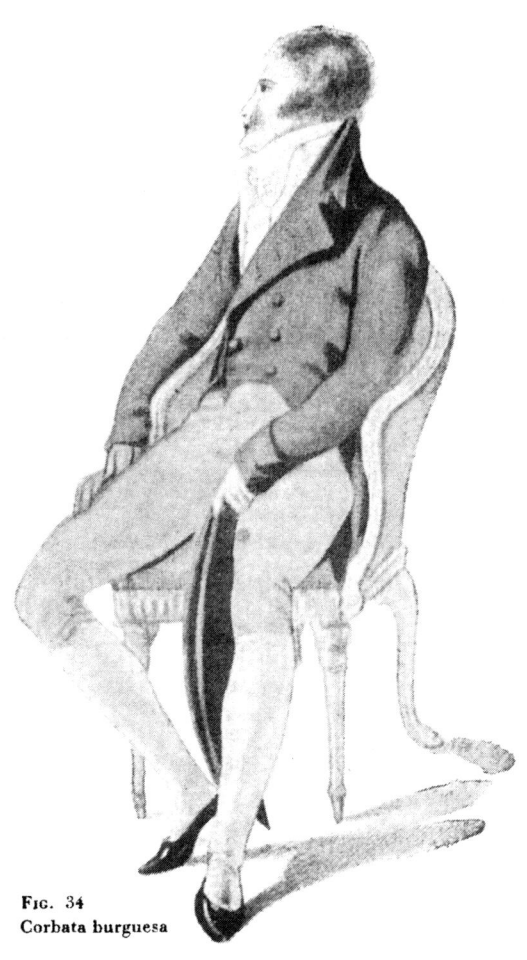

Fig. 34
Corbata burguesa

(figuras 33 y 34), terminando a veces con profusión de anchas cintas que cubrían aparatosamente las aberturas del chaleco: resultando en justa armonía con la hueca mentalidad y con la importancia más ficticia que real de la burguesía francesa de su respectivo tiempo: la blancura de cuya corbata — rememorando la del reinado de los Luises — parecía testimoniar el agrado con que aceptaban aquellos burgueses los excesos de represión a que se entregaron algunos ministros de Luís XVIII durante la época que luego fué llamada del *terror blanco*.

La corbata republicana, de color rojo, hizo su aparición, en Paris, al estallar en la capital francesa la revolución de 1848 (figuras 35 y 36), que derrocó el poder real de Luís Felipe y proclamó la segunda República en la alborada de las renovadoras ideas político-sociales que resplandecen hoy en el enrojecido cielo de la democracia universal. Y en los actuales momentos, la corbata republicana ha aparecido entre nosotros. ostentando los tonos rojo. amarillo y morado de la nueva bandera nacional española, con

Fig. 35
Revolucionarios franceses de 1848

Fig. 36
Revolucionarios franceses de 1848

motivo de la proclamación de la República Federable en nuestra patria.

Ello no obstante, ninguna moda accidental quitará al referido accesorio del vestido la substantividad democrática que hoy día tiene conquistada por su diversidad de formas, por la diferenciación de sus clases de telas, por el grandioso múmero de sus dibujos y por el múltiple colorido de sus hilos, conforme podrá verse en su correspondiente capítulo del presente esbozo histórico-crítico de la corbata y su manufactura; satisfaciendo por un igual, por su variabilidad de estilos, los gustos del hombre inculto y del docto; del virtuoso y del calavera; del extravagante y del cuerdo; del tosco y del elegante; del viejo y del joven; del pobre y del rico; etc.

ILUSTRACIONES DEL CAPÍTULO II

Figs. 25, 27, 28 y 29. (De «La Revolución francesa», por Alfredo Opisso. Editor, Ramón Molinas. Barcelona).

Fig. 26. (De «La Esfera». Año 1914, núm. 13. Madrid).

Figs. 30 y 34. (De «La Moda», tomo V, por Max von Boehn. Salvat, Editores, S. A. Barna., 1929).

Fig. 31. (De «Soieries & Broderies», por Raymond Cox. Librairie d'Art Décoratif. París).

Fig. 32. (De «Künstlerische Entwicklung der Weberei und Stickerei», por el doctor Moriz Dreger. Viena, 1904).

Fig. 33. (De «La Historia de los Estados Unidos», por J. A. Spencer. Tomo III. Montaner y Simón, Editores. Barcelona, 1873).

Figs. 35 y 36. (De «Los Héroes y las grandezas de la tierra», tomo VIII. Librería de don José Cuesta. Madrid 1856).

III. LA CORBATA DE FORMA CEREMONIOSA, ELEGANTE, RÚSTICA Y BOHEMIA.

Sí, por una parte, la corbata ha sido aristócrata, revolucionaria, imperialista, burguesa, republicana y democrática, conforme se ha explicado en el capítulo anterior, por otra, se la puede considerar como ceremoniosa, elegante, rústica y bohemia.

En cuanto al primero de los citados aspectos, como todo lo ceremonioso—según manifestación de los más competentes lexicógrafos—ha de revistir cierta etiqueta, y la etiqueta es patrimonio casi exclusivo de todos aquellos que por su nacimiento, jerarquía o aptitud ocupan los más importantes puestos de la sociedad, tal circunstancia se manifiesta no solamente en las palabras, fórmulas y costumbres más o menos cumplimentosas que usan, admiten y practican las clases elevadas, sino que también, preferentemente,

en todo cuanto se relaciona con todas y cada
una de las prendas de su respectiva indumentaria, según los cánones dictados respecto
el ceremonial que ha de observarse en toda
clase de actos oficiales o bien en los de cualquier otra índole establecidos por la costumbre.

Por tal motivo, la corbata ceremoniosa,
que es de color blanco o negro, siendo de
batista en el primer caso y de raso o fay en
el segundo, sin ninguna clase de filigranas
en su respectiva tela: sin ampulosidades, ni
fantasías estructurales en su apropiada compostura: grave, seria y de lineado recto en
las bagas y puntas aplanadas de su lazo, cual
cumple a la circunspección y templanza de
su porte: es, por regla general, la que usan
los hombres de clase distinguida (figuras 37
y 38) cuando asisten a los actos solemnes o a
las reuniones que así lo requieran, vestidos
de frac o levita, o bien con el uniforme
propio del cargo o dignidad que se tiene.

Y, con respecto a la corbata elegante, comunmente en forma de plastrón o de nudo
grande o pequeño, abrochada por detrás, no

FIG. 37 Don José Llabería y Hertzberg, Ministro, en 1908, de España en Marruecos.

se le da tal nombre porque esté dotada,
precisamente, de más gracia, nobleza y sencillez que las demás, ni porque sea más
airosa, más bien proporcionada y de mejor
gusto, sino porque la llevan los elegantes
modernos (figura 39), llamados así—en un
sentido restricto de tal palabra—por ser los
que visten con entera sujeción a la moda; la
elegancia de los cuales no brilla, en muchos
casos, en relación con las aptitudes bellamente morales de la elegancia espiritual que
reúnen los poseedores de una gran educación, sino con las condiciones más o menos
estéticas de su respectiva indumentaria;
contrastando grandemente, algunas veces,
con la estulticia pronunciada de muchos *señoritos bien*, cuya elegancia suele ser indis-
creta, alborotadora y exhibicionista (fig. 40).

Por todo ello, para nosotros la corbata
elegante, sea o no llevada por los petimetres;
llévanla o no, también, los hombres graves
y sesudos: es simplemente aquella que armoniza bien en todos tiempos con la estética
del traje y, sobre todo en los presentes, por
atender, todo aquel que pretende vestir co-

FIG. 38 Don Silvino Thos y Codina, que fué eminente
ingeniero, académico y poeta catalán.

rrectamente, las condiciones de tamaño, configuración, dibujo y colorido, que para dicha prenda nos vienen dictadas por los estilistas del vestido en la diversidad de textos y en los magazines o revistas que, con referencia a ello, actualmente se publican.

Por su parte, la corbata rústica, llamada en Francia «a la Colin»—nombre de un célebre pintor francés del respectivo tiempo de aquélla—consistía en un pañolete anudado flojamente al cuello con dos nudos estrechos, uno debajo la barba y otro en el extremo de ambas puntas, siendo puesta de moda, en París, por las rusticidades teatrales que se representaron durante el reinado de Carlos X (1824-1830), o mejor dicho, siendo adoptada por los excéntricos de aquella época, llevados del regocijo que les produjo el ver reflejadas, en la escena, las costumbres grotescas de los más toscos y rústicos de sus contemporáneos campestres y con ello, también, su apropiada indumentaria; cuya moda de corbata duró, en la capital francesa, mucho menos que el teatro de costumbres rurales que la motivó.

Fig. 39   Un elegante moderno

Fig. 40   Un señorito «bien»

En nuestro país, la corbata rústica, a
pesar de la extraordinaria aceptación del
teatro pitarresco que, en la segunda mitad
del pasado siglo, más que ningún otro, intro-
dujo la tosquedad campestre en la escena
catalana con la representación de sus cele-
brados y alegres cuadros de costumbres po-
pulares, en algunos de los cuales determinados personajes llevaban aquella prenda; la
afición, a tales motivos teatrales, no llevó
tan lejos a nuestros padres y abuelos como a
aquellos otros aficionados de allende el
Pirineo, por cuanto, entre nosotros, dicha
corbata ha venido siendo usada, con preferencia de color encarnado vivo, exclusivamente por la gente del campo, por los arrie-
ros, peones y demás por el estilo; entre
cuyos componentes se destacaban, preferentemente, los tartaneros barceloneses que,
antes de la urbanización del soberbio ensan-
che de la ciudad condal y durante los primeros tiempos de la misma, con sus respectivos
vehículos, que transitaban desde la Puerta
del Angel de Barcelona a la Travesera de
Gracia y viceversa; entre requiebros siempre

Fig. 41 Un tartanero catalán del siglo XIX

bien oidos por las guapas mozas que utiliza-
ban sus carruajes (figura 41) y entre maldi-
ciones y porvidas siempre mal sonantes que
proferían a sus caballerías al querer acelerar
su marcha—cuando la presencia de algún
clérigo, entre los demás ocupantes de la
tartana, no impedía tales inconvenientes
desahogos—transportaron día tras día, durante bastantes años, a la gente de Gracia que
bajaba a realizar sus negocios a Barcelona y
a los barceloneses que subían a pasar los días
domingueros en sus torres aireadas del Put-
xet; y, también, llevaban a las acasaradas
solteronas, cuyos cirios no faltaban casi
nunca en el altar principal del templo pa-
rroquial de San Gervasio, santo que debían
considerar como abogado contra la soltería;
y a los siempre creyentes marineros y demás
gente de otros gremios artesanos, que enri-
quecían todos juntos, con sus exvotos, la nu-
merosa referencia de deseos ya logrados o de
ansias y malestares reprimidos, cuyas alego-
rías pictóricas llenan aún las paredes latera-
les de la tan popular Iglesia de la Bonanova.

Digamos, antes de terminar esta parte

FIG. 42   Figurín de «La Bohème»

del presente capítulo, que en Cataluña, en bastantes casos, el nudo superior de la corbata rústica era substituido por una tumbaga o anillo de un metal de color cobrizo y obscuro compuesto de iguales partes de oro, plata y cobre; de cuya manera se hacía más disimulable la rusticidad del referido lazo.

Y la corbata bohemia, formada por una chalina de seda, más comunmente de color azul o negro, anudada en forma de *mariposa volante*, era y continúa siendo usada aún —si bien en menor escala que antes— por los escritores y poetas, por los artistas líricos y dramáticos, por los pintores y dibujantes y, en general, por todos los amigos de la vida libre y exhuberante; conforme puede verse en los dos figurines de los fotograbados 42 y 43, correspondientes a dos personajes de la conocida ópera «La Bohème».

En esta clase de corbata siendo todo libre, las bagas y las puntas, simulando las alas de una mariposa, pueden ser más o menos anchas y abultadas las primeras y más o menos largas y estrechas las segundas. Y dan de tal manera la sensación de la

Fig. 43 Figurín de «La Bohème»

forma de mariposa volante, que unas y otras
nos ha parecido verlas como si efectivamente aleteasen, con el movimiento del cuerpo,
en cada uno de los individuos del grupo de
bohemios de la zarzuela del propio nombre,
cuando uno de ellos entona el canto de
«Amor y libertad» que empieza con la
estrofa

> Así, en lo profundo del alma bohemia,
> se enciende entre besos la loca pasión
> y siempre dichosos la vida cruzamos
> y libres cantamos las glorias de amor.

Glorias de amor que nosotros vemos
reverdecer cada vez que, después de haber
obtenido los favores de la mujer amada, sus
delicadas manos vuelven a rehacer el lazo
de nuestra corbata bohemia (figura 44), previamente deshecho en la lucha amorosa con
ella sostenida. Y mientras nuestros brazos
ciñen su esbelto talle y nuestros amantes
ojos se reflejan en sus ojos, siempre promete-
dores, con el pecho inflamado de amor por
la sonoridad angélica de su armoniosa voz, y
todo nuestro ser aspira el perfume incitante

FIG. 44 Glorias de amor

de su ser, y nuestro cuerpo se estremece al contacto de las morbideces de sus aterciopeladas y juveniles carnes, confundiéndose nuestro amoroso aliento con su aliento embriagador; al juntar nuestros insaciables labios a sus labios rojos, reprometiéndonos mutuamente, una vez más, el disfrute del amor gozado, pero no extinguido, nos damos cuenta, de acuerdo con el poeta, de que realmente

> así, en lo profundo del alma bohemia,
> se enciende entre besos la loca pasión...

contribuyendo poderosamente a ello, en nuestro caso, la forma de esa corbata bohemia, que es la que mayormente se presta a la compostura amorosa y libre, por manos femeninas, del lazo poco costoso y de más fantasía entre todos los lazos que pueden anudarse, alrededor del cuello, por medio de una simple chalina; pudiéndose de él decir, parodiando «La sardana» del gran Maragall, que

> el lazo bohemio es el lazo más bello
> de todos los lazos que se hacen y harán.

ILUSTRACIONES DEL CAPITULO III

Figs 37 y 38. (De «La Ilustració Catalana», números
246 y 424 - Barcelona.

Figs. 39 y 40. (De «La Esfera», números 122 y 356.
Madrid.

Fig. 41. (Fragmento de un dibujo de Tomás Padró.—
Del volumen de «Poesías catalanas» de Fede-
rico Soler.—Imprenta de Espasa Hermanos y
Salvat.—Barcelona 1875).

Figs. 42 y 43. (De «Pluma y Lápiz», número 42.
Fot. Tip. Lit., del «Álbum Salón»).

Fig. 44. Dibujo de Prat.

IV. EL ARTE DE PONER-
SE LA CORBATA

Sɪ bajo un sentido político y social la corbata ha merecido las denominaciones expresadas en los dos capítulos anteriores, bajo el de su respectiva compostura y forma ha sido adjetivada de otras distintas maneras, sobre todo durante el primer tercio del pasado siglo, en el que por no haberse estabilizado la industria de la corbata de confección o sea de la *corbata hecha*, la forma de este minúsculo accesorio del vestido se lograba por la compostura o hechura que a su respectivo pañuelo o chalina le daba cada uno, como lo prueba la de las corbatas cuyas respectivas definiciones extractamos o ampliamos a continuación, según las que acerca de ellas han sido dadas ya con anterioridad al presente trabajo.

Nudo gordiano. (figura 45)—Este nudo, de famoso problema, considerado como el rey de los nudos de corbata, era obtenido con un pañuelo blanco o de color, almidonado, que se ponía alrededor del cuello dejando colgar sus dos extremidades (figura 46); enseguida, tomando una de ellas. se pasaba ésta por detrás de la otra y subiéndola como se indica en K (figura 47), se volvía a bajar la extremidad K sobre el nudo empezado y medio hecho (figura 48); después. sin soltar la extremidad K, se pasaba por detrás de la otra y se sacaba por el hueco de entrambas, quedando el nudo hecho tal como está indicado en Y, O, (figura 49); y finalmente, después de haber apretado el nudo todo lo necesario y de haberlo aplastado con una planchita a propósito o bien con los dedos pulgar e índice, a falta de ella, se cruzaban ambas extremidades una sobre otra, y sujetando un alfiler en su punto de contacto H, se tenía resuelto el famoso problema del nudo gordiano (figura 50). Nudo, que si bien era algo costoso de obtener, no lo era tanto como el nudo gordiano que ataba al yugo la lanza

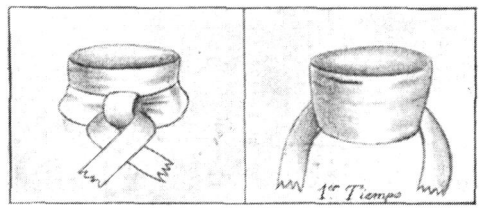

FIG. 45   FIG. 46

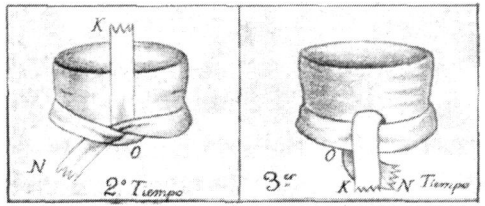

FIG. 47   FIG. 48

del carro de Gordio, antiguo Rey de Frigia, el cual estaba hecho con tal artificio, que no se podían distinguir sus cabos.

A la Inglesa. — La compostura de esta corbata era enteramente igual a la del nudo gordiano, pero sin almidonar.

A lo Calavera (figura 51) — El lazo de esta corbata se obtenía, después de colocado el pañuelo por detrás del cuello, haciendo el nudo por delante y dejando soltar sus puntas un poco arqueadas hacia abajo; empleándose a tal objeto pañuelos de seda o de cachemir de cualquier color.

El nombre dado a este lazo, podía motivarlo el hecho de ser usado por jóvenes licenciosos amigos de meterse en cercado ajeno (figura 53), en cuyo caso el aspecto de cuernos caídos de sus dos extremos, tendría más bien un significado objetivo, que subjetivo.

A la rusa (figura 52) — La corbata rusa de bastante anchura por delante del cuello, se llevaba de cualquier color, con o sin almidón, anudándose siempre y sin excepción por detrás, sin llevar las puntas delante; las cuales

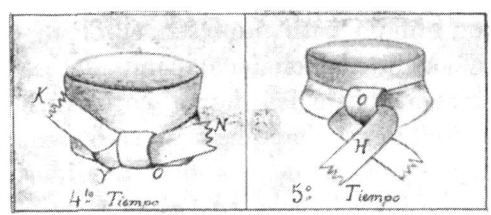

FIG. 49   FIG. 50

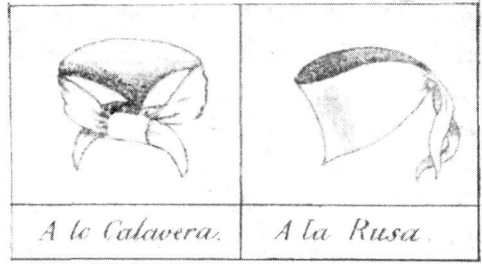

FIG. 51   FIG. 52

quedaban tapadas no por debajo de la corbata. sino a lo largo de la espalda, de modo que en ningún caso pudiesen subir ni salir por el cuello del chaleco; como no podían llegar más allá de las damas cortesanas por ellos facilmente logradas, ni salirse de los lazos que por las tales les eran tendidos, los rusos que introdujeron en Francia la corbata de tal nombre. al pasar a París en pos de la vida galante que a tal sitio les llevara.

De baile (figura 54)—El pañuelo de esta corbata que era, rigurosamente, de un blanco liso para el baile, daba la vuelta al cuello cruzando por delante sus puntas sin nudo de ninguna clase, las cuales eran atadas a los tirantes o bien a la espalda. haciendo pasar sus dos cabos por debajo del sobaco. Y cuando no se ataban de tal modo, por resultar ello incómodo al bailar, se sujetaban preferentemente con un alfiler en su punto de contacto sobre el pecho; de cuya manera los jóvenes danzarines que las usaban en los Mabiles, Bataclanes y demás lugares cancanescos de aquella época, podían sin temor, en cualesquiera de sus cabriolas, llevar la

Fig. 53. Corbata «a lo calavera»

punta de su bota hasta las narices del otro danzarín de su respectivo cuadro de baile (figura 58), sin temor de que pudiese sufrir ningún deterioro la integridad de su corbata.

A lo Oriental (figura 55)—Esta corbata no era jamás de color, ni listada, ni de muestra, sino lisa y de la mayor blancura; empleándose para ello un pañuelo corto de muselina, batista o cachemir blanco; de cuyo modo, una vez anudado, resultaban cortas sus puntas; las cuales, siendo fuertemente almidonadas, permanecían siempre tiesas en la forma de media luna en que las podía colocar, solamente, una mano experimentada y hábil.

La corbata de tal manera obtenida constituía, pues, en su forma y en sus contornos, un verdadero remedo de un turbante: y de ahí el nombre tan apropiado con que fué distinguida.

A lo Caracol (figura 56)—De una variedad infinita de colores era la corbata así llamada, por afectar su figura la de ciertos moluscos marinos, siendo muy original, a la par que de fácil ejecución, por consistir su

De Baile

A lo Oriental.

FIG. 54   FIG. 55

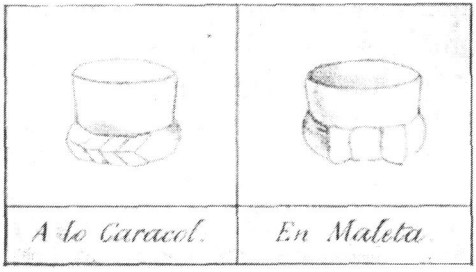

A lo Caracol.

En Maleta

FIG. 56   FIG. 57

compostura en un nudo doble o triple hecho
con las dos puntas, llevadas después detrás
del cuello.

En Maleta (figura 57)—Esta corbata de
color anteado y más elegante aun cuando era
del color del cuero de Rusia, se obtenía de
la misma manera que el nudo gordiano, con
la notable diferencia de que, en su último
tiempo de formación, en lugar de bajar las
puntas, éstas se recogían y escondían dentro
del nudo; cuya última condición exigía el
empleo de un pañuelo más pequeño que el
de aquel; presentando de tal modo la figura
de una maleta de viaje, que es lo que le daba
nombre.

A lo Perezoso (figura 59)—Constituyendo una de las maneras más hermosas y
cómodas de ponerse la corbata, la de tal
nombre, con o sin almidón, disimulando la
camisa del que la llevaba y manifestando
toda la hermosura de la tela de que estaba
hecha, se ponía al cuello por delante y,
después de unidas las puntas por detrás, se
volvían a llevar a delante cruzándolas sobre
el pecho; quedando de tal modo tan fácil-

FIG. 58. Corbata «de baile»

mente hecha, que su compostura resultaba
muy apropiada a todos cuantos, por pereza,
no gustaban del entretenimiento que exigía
la de otras diferentes formas de corbata.

A lo Talma (figura 60) — Más sencilla aun
que la de la anterior resultó. más tarde, la
compostura de la corbata de tal nombre, por
cuanto para ello bastaba poner el pañolín
alrededor del cuello, de detrás a delante,
haciendo solamente una mitad de nudo y
dejando caer de un modo natural sus puntas
sobre el pecho: de cuya manera la llevaba
puesta el gran trágico francés Francisco José
Talma, nacido en París a 15 de enero de
1763 y muerto en la misma capital a 19 de
octubre de 1826.

Collar de Caballo (figura 61) — Esta corbata se diferenciaba de la Oriental única-
mente en que las puntas que en esta última
formaban la media luna, se sujetaban en la
de collar de caballo por detrás del cuello o
bien se escondían entre los pliegues que
formaban los lados de su base: usándose
para ella preferentemente pañuelos de grandes listas horizontales o bien formando

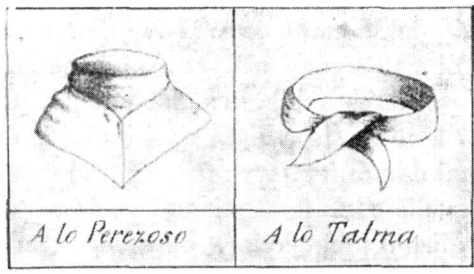

A lo Perezoso

A lo Talma

Fig. 59

Fig. 60

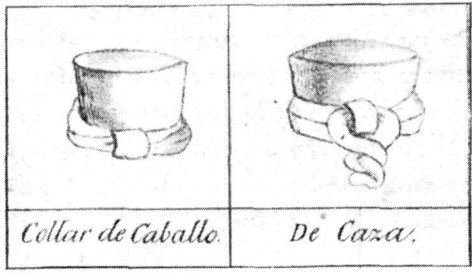

Collar de Caballo.

De Caza.

Fig. 61

Fig. 62

muestra, generalmente del color del cuero de Rusia, y algunas pocas veces pañuelos de tafetán del llamado *gros de Naples*.

El collar que se pone al caballo, del cual ya hablan algunos documentos de la Edad Media, sirve para aprisionar a dicho animal doméstico, y ya fuese por el parecido de aquella corbata al mismo, ya fuese por el simbolismo del collar, entre las mujeres elegantes de aquella época, todas las que se mostraban en público con un fausto superior al de su respectivo estado social, hicieron adoptar la corbata de tal nombre, algunas, a sus maridos; otras, a sus amantes; y las más despreocupadas, a sus maridos y a sus amantes, a la vez; todos los cuales constituían, en realidad de verdad, las bestias de carga que, con un despilfarro arruinador de sus propios intereses, algunos de sus amantes, y con un gasto enervante de las energías físicas que, para poder complacerlas, debían desarrollar en su respectivo trabajo ciertos maridos demasiado complacientes, tiraban ellos, más bien que los caballos, loca o pacienzudamente del tílburi de la ostentación y vanidad

FIG. 63. Corbata «collar de caballo»

en que aquellas paseaban triunfantes su dominio sobre el sexo fuerte (?) (figura 63).

De Caza (figura 62)—La compostura de esta corbata se diferenciaba de la corbata anterior, en que sus puntas, en lugar de enconderse, como en aquella, se bajaban retorcidas flojamente sobre el pecho, de un modo parecido al de las cuerdas con las que los cazadores retenían a sus perros (figura 64); empleándose para ello telas de color verde obscuro, cuando no eran del color de hoja seca, en cuyo último caso la corbata resultaba más elegante.

A la Diana—Corbata enteramente igual a la de Caza, pero de color blanco.

Matemática (figura 65)—En la corbata matemática, de orden grave, severo y sin pliegues, todo era simetría y regularidad, de lo cual era derivada su adecuada adjetivación. Sus puntas, de una igualdad geométrica y como trazadas a compás, bajaban oblicuamente desde cada uno de sus lados, de manera que en su interjunción formasen dos ángulos agudos. Todos sus pliegues, en una dirección horizontal y separándose hacia el

FIG. 64. Corbata «de caza»

medio de la corbata, formaban los dos ángulos agudos y opuestos al triángulo, cuya exacta e indispensable figura representaba siempre esta corbata: siendo su tela, por lo regular, de tafetán y aun mejor de sarga, preferentemente de color negro, en ambos casos.

A lo Marata (figura 66). — Se lograba la corbata de tal nombre empezando su compostura por detrás del cuello, llevando después las dos puntas delante, entrecruzándolas como los eslabones de una cadena; cuyas puntas, cuando no eran sujetadas como las de la corbata de Baile, que es tal como la llevaba Marat antes del período álgido de la Revolución francesa, se prolongaban eslabonadas hasta más abajo de la chorrera, o sea la guarnición que se ponía en la abertura de la camisola por la parte del pecho. La tela de esta corbata era de la más blanca y hermosa muselina de la India.

Las diferentes formas que se acaban de describir, fueron las primeras y más principalmente usadas por los elegantes de su respectivo tiempo, dentro del que fué llamado *arte de ponerse la corbata,* cuando su compostura dependía de la mayor o menor habilidad de cada uno; cuya diversidad de

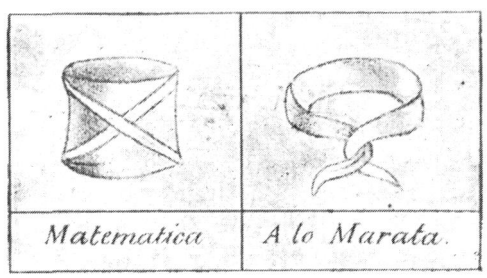

FIG. 65   FIG. 66

formas fué aumentando progresivamente a medida que siguió extendiéndose el uso de tan simpático accesorio del vestido, conforme podrá verse en el capítulo siguiente.

ILUSTRACIONES DEL CAPÍTULO IV

Figs. 53, 58, 63 y 64.   Dibujos de Prat.

Todas las restantes.   (De «El Arte de ponerse la corbata» por M. Emile, Barón de l'Empesé.— Barcelona, Lib. de Sauri y Compañía, 1832).

V. CONTINUACIÓN DEL ANTERIOR

Las diferentes formas de lazo explicadas en el capítulo anterior y las que se reseñan en el presente, constituyen aquellas treintidós tan ponderadas maneras de ponerse la corbata anteriormente aludidas, es decir, la totalidad de las que fueron enseñadas por el italiano Demarelli a los petimetres parisienses en los últimos años del primer cuarto del pasado siglo, o sea las que más tarde fueron recopiladas y divulgadas en el tratado o «Arte de ponerse la corbata», del divertido *Barón de l'Empesé,* repetidamente nombrado en el primer capítulo del presente trabajo; de cuyas restantes formas, si bien algunas de ellas aportan maneras o procedimientos de compostura completamente originales, la mayor parte de las mismas pueden considerarse directamente derivadas de algunas otras de las anteriormente reseñadas, conforme puede verse en las que a continuación se titulan y describen.

A la Bergami (figura 67). – La compostura de esta corbata era una de las más fáciles de todas, por cuanto bastaba para ello colocarla por detrás del cuello y llevar sus dos cabos a la parte delantera, cruzados el uno sobre el otro, para sujetarlos en los tirantes. Algunos de los que la usaban, aprovechando lo largo de sus puntas, las pasaban por debajo del sobaco, atándolas a la espalda, tal como se ha indicado en la corbata de Baile; si bien esto último podía solamente tener lugar cuando el pañuelo era de gran longitud.

Esto no obstante, con todo y llevarlo corto el Oficial que dió su nombre a esta corbata, después de haber sido encargado del alojamiento de la caballería en un regimiento italiano, entró al servicio de la princesa Carolina de Brunswich, esposa del príncipe de Gales, más tarde Jorge IV, en calidad de correo, sabiendo enlazar con ella tan bien su amor al de la referida princesa,

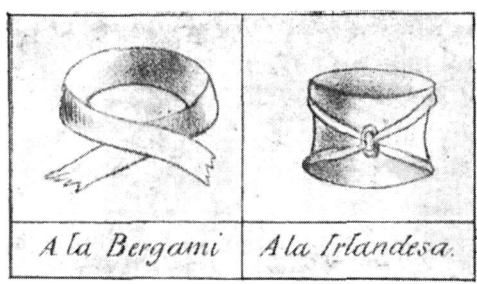

A la Bergami

A la Irlandesa.

Fig. 67   Fig. 68

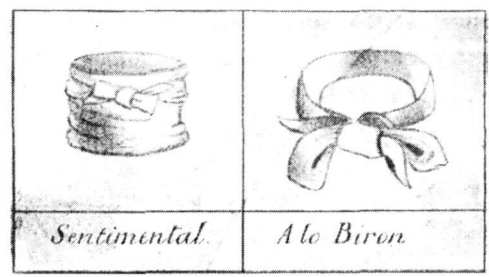

Sentimental

A lo Biron

Fig. 69   Fig. 70

que llegó a ser su favorito, con tristes conse-
cuencias para ésta, por suponerse que murió,
por tal motivo, envenenada.

A la Irlandesa (figura 68). — Esta corbata, cuyo uso se derivó del de su respectivo
país, era de cualquier color, teniendo gran
semejanza con la Matemática, de la cual se
diferenciaba solamente en la colocación de
sus puntas, las cuales en la corbata Irlandesa, después de unidas en su punto de reu-
nión, se enlazaban y cruzaban volviendo
cada una por su mismo lado para ser atadas
después detrás; mientras que en la corbata
Matemática pasaban una sobre otra y siempre con gran exactitud.

A la italiana. — Su compostura se efectuaba como la de la corbata Irlandesa, pero
en lugar de cruzar y eslabonar sus dos
puntas, se pasaban éstas por dentro de un
anillo de cualquier clase y volviendo dichas
puntas hacia la espalda, cada una por su
respectivo lado, se anudaban después detrás.

Sentimental (figura 69). — La corbata
Sentimental, de configuración pequeña y de
gusto opuesto a la Oriental y al de la de

FIG. 71
Corbata «sentimental»

Collar de caballo, se usaba muy almidonada y tiesa, con un solo nudito y a manera de roseta de baguitas rectamente aplanadas y puntitas salientes, anudándose en la parte superior del cuello para que llegase lo más cerca posible de la barba; habiendo obtenido, probablemente por su aspecto infantil e inocentón (figura 71), más buena acogida en las pequeñas poblaciones que no en las grandes capitales; siendo su tela preferida el percal o la batista, uno y otra de color de rosa.

A lo Byron (figura 70). — Digamos en honor del inmortal poeta inglés que dió su nombre a esta corbata que, de entre todas las que venimos describiendo, ésta es una de las pocas cuya compostura ha llegado hasta nuestros actuales tiempos, no solamente por su facilidad de ejecución, sinó que también por su forma seria, exenta de las ridiculeces o extravagancias de algunas otras de sus contemporáneas.

La corbata a lo Byron, de color blanco o negro, una vez colocado su respectivo pañuelo por detrás del cuello y llevadas sus puntas hacia delante y bajo la barba, eran éstas sujetadas con un nudo ancho o roseta con bagas casi nada hinchadas y puntas salientes contrapuestas por cada uno de sus lados.

Romántica.—Corbata de compostura igual a la de la anterior, pero de color parecido al del pájaro solitario (pardo obscuro manchado de blanco); que se usaba con preferencia en el campo.

De viaje.—Corbata de compostura también igual a la de la corbata Byron, pero empleando para ello dos pañuelos estrechos retorcidos, generalmente de un color semejante al del cáñamo.

A lo abogado (figura 72).—Esta corbata, de colores poco subidos, cual cumple a la prudencia y moderación de que deberían hacer gala siempre todos los licenciados en Derecho, siendo de compostura igual a la de la corbata Sentimental, era no obstante de aspecto esencialmente distinto, a causa de su mayor tamaño; por lo cual y por llevarse puesta en la parte baja del cuello y no tocando la barba como aquella otra, resultaba tan seria como la corbata a lo Talma y tan proporcional en la extensión de sus bagas y puntas salientes, como la corbata a lo Byron.

A lo Criminal (figura 73). – La corbata a lo Criminal, que hoy llamaríamos corbata *apache*, se formaba anudando muy estrechamente el pañolón al cuello sin bagas de ninguna clase, de cuya manera sus puntas quedaban largas y tiesas *como cuchillos bien afilados*, cuando era fuerte su respectiva tela o muy bien almidonada, en caso contrario.

Huelga decir, en el presente caso, lo que ya indica el propio nombre de esta corbata; esto es: que la misma era usada, exclusivamente, por gente del hampa (figura 74); de lo cual deben tomar buena nota todos aquellos que, sin serlo, pudiesen parecerlo por el uso inadecuado que hiciesen de la misma.

A la Fidelidad (figura 75). – Su compostura y color eran iguales a los de la corbata Matemática, pero con las tiritas de sus ángulos más anchas, siendo a su vez éstos más agudos que no en aquella otra. El uso de esta corbata era impuesto por las agraciadas

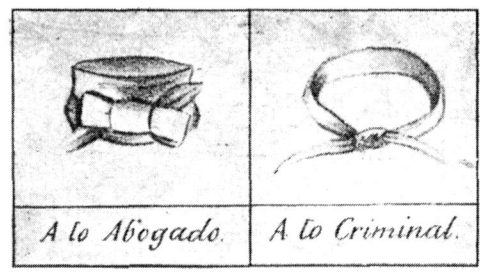

A lo Abogado.　　A lo Criminal.

Fig. 72　　　　　Fig. 73

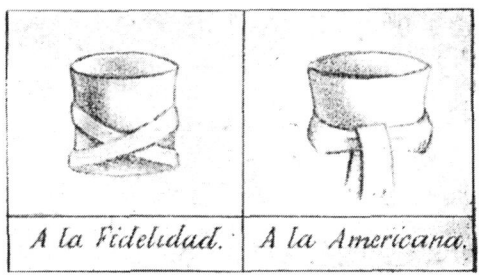

A la Fidelidad.　　A la Americana.

Fig. 75　　　　　Fig. 76

jovencitas a sus respectivos novios y por las recién casadas a sus atortolados mariditos.

A la Americana (figura 76). – Esta corbata, que para hacer su aparición en París tuvo que cruzar los mares desde su punto de origen, era muy hermosa y de fácil ejecución con tal que su respectivo pañuelo estuviese bien almidonado, efectuándose su compostura como la del Nudo gordiano, pero dejando sus puntas hacia abajo y sujetándolas sobre la chorrera. Sus colores predilectos fueron el verde mar (que tuvo que cruzar) o bien el rayado a pequeñas listas de azul, blanco y encarnado, (como el de las banderas de algunos países del Continente de donde procedía).

Independiente. – Corbata de compostura igual a la de la anterior, en cuyos respectivos pañuelos figuraban indefectiblemente los colores azul, blanco y encarnado, sobre dibujos de estructura distinta del de aquella otra.

A lo Gastrónomo (figura 77). – La compostura de esta corbata, efectuada con una tela plegada a una altura de tres dedos, se

FIG. 74. Corbata «a lo criminal»

efectuaba por medio de un lazo corredizo, por dentro de cuyo nudo, hecho a la distancia correspondiente de una de sus extremidades, se pasaba la otra. La elasticidad de este nudo hacía que la corbata pudiese ensancharse al menor movimiento de la nuca o a un apretón de quijada al comer, (figura 79) y aun a una simple hinchazón causada por la respiración un poco dificultosa cuando se ha comido fuerte. El color de esta corbata, para estar bien en carácter con el de su adecuada denominación, era el del jamón extremeño, el del hígado de ganso, el negro de la criadilla de tierra, etc.

A la Diplomática. — Corbata de compostura exactamente igual a la de la anterior, pero de colores que no manifestasen tan ostensiblemente, como los de aquella otra, el afán gastronómico del que la llevaba.

A la Cascada (figura 78). — Para lograr la corbata de este nombre debía hacerse el nudo al pañuelo, que era de muselina, dejando una punta más larga que la otra, y después de pasar la más larga por dentro del nudo, debía dejarse de manera que lo tapase

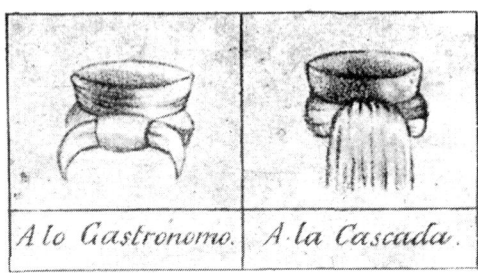

A lo Gastrónomo.　　A la Cascada.

FIG. 77　　　　　　FIG. 78

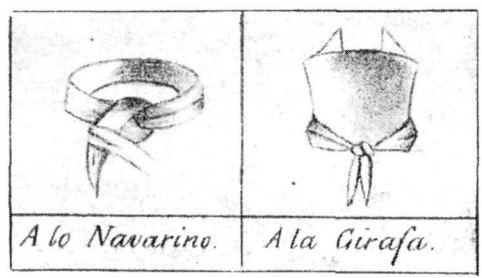

A lo Navarino.　　A la Girafa.

FIG. 80　　　　　　FIG. 81

enteramente, y abriéndola con cuidado, después de haberla sujetado por debajo de la pechera, producía el efecto indicado por su nombre.

A lo Navarino (figura 80).—La compostura de esta corbata, que se efectuaba con pañuelos de distintos colores, se distinguía por su ejemplar sencillez, ya que puesto el pañuelo sin ningún cuidado alrededor del cuello, solo se sujetaba por delante con un doble nudo, y sus puntas, una sobre otra, quedaban sueltas sobre el pecho. Su nombre le fué dado por haberla llevado algunos oficiales que tomaron parte en el combate naval de 20 de Octubre de 1827 en la bahía de Navarino, en el que la escuadra turca fué destruída por las armadas francesa, inglesa y rusa reunidas.

A la Girafa (figura 81).—La corbata a la Girafa, cuya tela era de lana cachemir, de borra de seda o a lo menos de pelo muy fino de camello, con manchas o florones, se sujetaba por delante con un pequeño nudo, y se dejaban colgar sus dos puntas verticalmente, clavándolas en la cintura de los pan-

Fig. 79.   Corbata «a lo gastrónomo»

talones, una al lado de otra; cuya corbata se usaba en combinación con un cuello de camisa que mostraba, por su parte trasera, sus puntas de manera que aparentasen dos cuernecitos. Esta corbata se ideó en París a raíz de haberse exhibido el primer ejemplar de girafa en su jardín de plantas.

Por efectuarse de tan diversas maneras la compostura de la corbata, no es de extrañar que cada una de ellas pudiese adaptarse más o menos bien al gusto de cada uno. A propósito de ello, transcribimos a continuación y sin comentarios, lo que acerca el referido particular ha dicho M. Emile en su *Tratado del arte de ponerse la corbata*, aun cuando la función adaptativa que a alguna de sus diversas formas les haya atribuido, difieran esencialmente de las que les hemos adjudicado nosotros, con más o menos acierto, en el presente trabajo.

Según M. Emile, la corbata a la Bergami convenía a los aspirantes al noviazgo; la Oriental, a los amigos de la vida galante; la Sentimental, a los jovencitos y a los adultos afeminados; la de Baile, a los céfiros de salón; la Americana, a los oradores y publicistas; la de Caza, a los señoritos lugareños; la del Collar de caballo, a los aspirantes de Hacienda; la Byron, a un contado número de poetas; la Marata a algunos abogados; la Fidelidad a todos los militares y a un gran número de recién casados; la Matemática a los hombres de juicio exacto; y el Nudo gordiano, a cuantos seguian la carrera diplomática.

De la mayor parte de tales composturas manuales de antaño, no queda ni se vislumbra tan siquiera un reflejo de ellas en las corbatas de manufactura industrial, o sea en las corbatas de confección que actualmente son usadas, a excepción hecha de la corbata *en maleta* y de la corbata *a lo Byron* que pueden considerarse, respectivamente, como determinantes de la corbata ceremoniosa y de la corbata bohemia descritas en uno de nuestros anteriores artículos, casi sin variantes en la primera y con las variantes en la segunda de dejar sus bagas más largas que sus respectivas puntas, sin abollamiento alguno, al revés de lo que se hace en aquella otra, en la que se hinchan grandemente para la simulación de su forma de mariposa volante que tanto la distingue y caracteriza entre toda suerte de lazos; por cuyo motivo, si para la compostura de la corbata bohemia son preferibles las telas suaves y ligeras, para la de la corbata Byron resultan mejores las telas algo más fuertes, sean o no de más o menos tupidez de hilos.

ILUSTRACIONES DEL CAPITULO V

Figs. 71, 74 y 79.   Dibujos de Prat.

Todas las restantes.   (De «El Arte de ponerse la corbata»,) por M. Emile, Barón de l'Empesé. — Barcelona, Librería de Saurí y Compañía, 1832.

VI.   LA DEMOCRATIZACION DE LA CORBATA.

El uso de los pañuelos y chalinas anudados en una u otra de las diversas formas que hemos descrito en nuestros dos anteriores capítulos, a partir de los comienzos del segundo tercio del pasado siglo fué adquiriendo de día en día más importancia entre todas las clases de la sociedad, de manera tal que un accesorio tan minúsculo como es la corbata, llegó a ser considerado como un aditamento obligatorio del traje, provocando como por encanto, su extraordinaria aceptación, la industrialización de tal prenda o sea la manufactura en serie de todas y cada una de las variadas formas de corbata que se han venido usando.

Por tal motivo, al industrial que primero que ningún otro se dió cuenta de que podía constituir la base de un buen negocio el facilitar al consumidor la corbata hecha, ahorrándole el tiempo que éste debía emplear en la formación manual entretenida y pacienzuda de su respectivo lazo y evitándole, a la vez, el tener que desarrollar un ingenio del que muchas veces no se podía hacer gala: le siguieron o, más propiamente dicho, lo imitaron muchos otros más, los cuales, por el afán de competencia y lucro, fueron creando tan y tan diversas formas de corbata que, no precisamente por ser recientes todas, sino por haberse casi escalonado las unas a las otras y por haberse usado algunas de ellas en iguales tiempos, entre las pocas de compostura individual que han resistido el empuje demoledor de la moda, resulta casi imposible el establecer cronológicamente su verdadera clasificación. Tan solo *grosso modo* puede afirmarse que, salvando pequeñas y muy pasajeras intermitencias, sus diferentes formas se han venido sucediendo de mayor a menor tamaño.

Efectivamente: desde la extraordinariamente grande y abultada corbata usada por

Fig. 82.

Don Luís Nicolau
d'Olwer

Fig. 83.

Don José Balari
Jovany

Fig. 84.

Don Juan Llongueras

Fig. 85.

Don Juan Torrendell

Fig. 86.

Don Gabriel Alomar

Fig. 87.

Don Valentín Almirall

Lord Brumel en 1834, (figura 15 del presente trabajo) hasta la minúscula corbata usada actualmente por nuestro distinguido compatricio el ex-ministro de Economía de la República don Luís Nicolau d'Olwer (figura 82) y por muchos de sus correligionarios, de cinta un poco más estrecha y de forma más negligente que la de la corbata cuya respectiva cinta era de la llamada «beta d'espardenya» usada por el insigne escritor don José Balari Jovany (figura 83): casi todas las diversas formas las hemos visto usadas por conocidos nuestros, tales como la del antiguo cuello-corbata de plastrón, por don Juan Llongueras (figura 84); la corbata bohemia grande y ampulosa, por don Juan Torrendell (figura 85); la chalina o lavaliera, por don Gabriel Alomar (figura 86); el corbatín de lazo estrecho recto y aplanado, por don Valentín Almirall (figura 87); la corbata de plastrón, por don Joaquin Riera y Bertrán (figura 88); la de nudo grande, por don Juan Maragall (figura 89); la de lazo ancho y plano, por don Víctor Balaguer (figura 90); y la de lazo ancho abollado, por don Ramón Picó y

Fig. 88.

Don Joaquín
Riera y Bertrán

Fig. 89.

Don Juan Maragall

Campamar (figura 91); la visualidad de todas cuyas corbatas constituye un justo medio entre la de la fanfarrona y descomunal corbata de pañuelo lazado que destacaba sobre el ancho pecho del Maestro de Siruela (figura 92), o sea aquel pobre hombre *que no sabía leer y ponía escuela*, y la que apenas se percibe en el retrato de don Francisco Cambó (figura 93), este otro maestro de Siruela de la política, el cual en vigilias del advenimiento de la República española, que no supo leer en el encapotado cielo del antiguo régimen, quería poner escuela de centrismo monárquico.

Tan y tan variadas formas de corbata, algunas de las cuales cayendo en desuso un día para volver a reaparecer con más empuje y aceptacion pasado un pequeño lapso de tiempo; permaneciendo más o menos estacionario el empleo de otras; y siendo algunas pocas de uso casi constante: constituyen en realidad de verdad la actual democratización de la corbata, por no ser ninguna de sus diversas formas patrimonio exclusivo de determinadas clases y por poder usar los indivi-

Fig. 90.

Don Victor Balaguer

Fig. 91.

Don Ramón Picó
y Campamar

duos de una misma condición, variablemente
y a voluntad cualesquiera o varias de ellas.

Democratización a la que contribuye
mayormente — conforme ya se ha indicado en
otro lugar del presente trabajo — la variabilidad de los dibujos de sus respectivas telas,
tejidas o estampadas, de igual o diferente
clase y, en el dibujo de las de cada clase, la
diferenciación de su colorido múltiple; por
cuyo motivo al converger en una misma temporada tan diversos elementos en la combinación de los nuevos dibujos o muestras, se
hace muy difícil poder determinar bien o
precisar, más o menos metódicamente, la
orientación de su respectiva moda, por cuanto en un mismo período de tiempo, si bien
pueden prevalecer más unos tipos sobre otros,
no es de extrañar ver los géneros con una
gran variedad de muestras formando peque-
ños motivos ornamentales o composiciones
artísticas de regulares dimensiones; constituyendo los primeros toda suerte de losanges, lu-
nares, aritos, plumas, anillos, chispas, trián-
gulos, rectángulos tendidos, palitos sembrados
sobre el fondo o entrecruzados consigo mis-

Fig. 92· El Maestro de Siruela

FIG. - 93. Don Francisco Cambó

mo, motivos en V y en T, etc., etc., y, las segundas, fajas verticales o diagonales de efectos
contrastantes de una a otra de ellas, más o
menos labradas; hermosos pajaritos, mariposas
multicolores, flores estilizadas y todos cuantos
ornamentos nos ofrece en extensa y variadísi-
ma gama el inacabable renglón de la flora y
de la fauna; en medio de otras muestras de
estilo geométrico formando cuadritos gradua-
dos, cuadros sombreados entrelazados, efectos
listados a punto de silla, listas y damados de
gran tamaño más o menos historiados, cuadros de tejido combinado, etc., etc.

En fin, todo lo que la fantasía y el buen
gusto de cada uno puede combinar dentro de
límites tan amplios y con reglas tan variadas,
que la colección de telas para corbatas que
aparece cada temporada, constituye una diversidad de estilos más o menos sencillos o
complicados que, si cada uno de ellos puede
ser perfectamente determinado, todos juntos
forman un conglomerado de tan difícil defi-
nición, como las indefinibles formas estructurales de la variabilidad ornamental de cualquier caleidoscopio.

ILUSTRACIONES DEL CAPÍTULO VI

FIGURAS 92 y 93.   De «La Esfera», Madrid.

Todas las restantes.   De «La Ilustració Catalana», Barcelona.

VII.   LA CORBATA

FEMENINA

E L concepto que hemos emitido en uno de nuestros capítulos anteriores de que la corbata constituye un accesorio de la indumentaria, *preferentemente masculino*, no excluye el hecho de que el referido indumento pueda servir, también, de aditamento al traje femenino, pero con la remarcable diferencia de que así como aquella prenda, para el hombre, ha llegado a ser de uso estéticamente obligatorio, en el vestuario femenino su aplicación está supeditada a las veleidades y variaciones sucesivas de la moda cuando la característica particular del traje no exija, de por sí, el uso del referido indumento.

Efectivamente: si en la mayor parte de trajes femeninos es innecesario el aditamento de la corbata por impedirlo sus respectivos escotes o por hacerlo inútil la forma o bien los adornos que guarnecen ya su parte delantera del cuerpo: resulta, por el contrario, de bella y feliz aplicación en la indumentaria masculina, por ser sin escote de ninguna clase las camisas actualmente en uso y por no llevar guarniciones de ninguna especie los chalecos y demás prendas superiores del vestido varonil; de manera tal que nadie se explicaría hoy que un hombre no ya elegante, sino correctamente vestido, saliese a la calle sin llevar puesta aquella prenda, a no ser por un involuntario descuido o por un extravagante capricho pasajero, porque un hombre sin corbata es como anillo sin solitario engarzado, que no deslumbra; como imán sin óxido de hierro, que no atrae; como ojos sin luz brillante, que no fascinan. Y una corbata elegante, bien combinada con el traje masculino, en todos los casos puede deslumbrar, atraer y fascinar... desde luego, ¡a la mujer!

Y si esto pasa con respecto al hombre ¡qué es lo que no cabe decir con relación a la corbata graciosamente combinada sobre las turgencias de un esbelto pecho femenino! sobre

Fig. 94.   Mlle. de La Vallière

todo cuando, siendo blanca, casa bien con el fondo gris u obscuro de un traje, o, cuando siendo de colores más o menos fuertes, destaca elegantemente sobre el tono claro de su blusa o de su vestido; embelleciendo, en todos los casos, el busto gentil, delgado y airoso de la mujer.

Con respecto a tal particular de la indumentaria femenina, su historial corre parejas con el de la corbata varonil, por haberse empezado a usar dicha prenda, en su forma moderna, por una de las favoritas, la más simpática y sentimental, de las muchas que tuvo Luís XIV desde su juventud hasta las postrimerías de su vida: Mlle. de la Vallière.

El lazo de la corbata que dicha dama de honor de la segunda duquesa de Orleans llevaba en su traje de casa (figura 94) era modesto, como sus pretensiones, por la reducida dimensión de su respectiva chalina; sencillo, como sus costumbres, por lo fácil de su compostura; delicado, como sus sentimientos, por la blancura y suavidad de su tela; invariable, como su amor, por haberlo usado constantemente en sus entrevistas ínti-

Fig. 95 Teresa Cabarrús

mas con el Rey; siendo, si bien mucho más pequeño, de forma parecida al de la corbata bohemia, descrita en uno de nuestros anteriores capítulos.

De manera, que si a Luís XIV se le puede atribuir la paternidad de la corbata aristocrática, la maternidad de la chalina — y ello explica el origen del nombre *lavaliera,* que también se le da en castellano — corresponde a su ideal amante La Vallière, que fué la más desinteresada y apolítica de todas sus favoritas, las cuales, como las restantes damas nobles de su tiempo, usaron la corbata aristocrática en sus trajes de paseo: cuya moda, como la de la propia corbata varonil, perduró hasta los primeros años de la Revolución; siendo llevada también por la célebre aragonesa, según unos y madrileña, según otros, Teresa Cabarrús, hija del famoso hacendista español y ministro de Carlos III, del propio apellido, casada primeramente con un noble señor, de Burdeos, que se hacía llamar Conde de Fontenay, y más tarde con el severo revolucionario Tallien, quien al enamorarse perdidamente de ella en la propia prisión donde

FIG. 96. Una belleza bulevardiera

estaba detenida para ser llevada al cadalso, la libró de la guillotina y la convirtió, poco después, en *ciudadana Tallien*.

La significación honesta de la corbata blanca de finísima batista con puntilla de Valenciennes en sus extremos, que adornaba el recatado y decente traje de amazona vestido por Teresa Cabarrús en su calidad de Condesa de Fontenay (figura 95), no impidió a la ciudadana Tallien de exhibirse completamente desnuda en las inmundas orgías celebradas por su segundo marido en Burdeos, si bien tales excesos, que aumentaban, ante los ardorosos y lascivos ojos de su esposo, todos sus prestigios de hembra deseable, los puso muchas veces aquella extraña dama, tan amante del lujo como del placer, al servicio de la clemencia, logrando su ternura compasiva y su alegre generosidad, salvar del cadalso y de la proscripción a bastantes inocentes, injustamente perseguidos.

La corbata aristocrática, tanto la de forma masculina como la de forma femenina, constaba de varias piezas de tela previamente combinadas y cosidas entre sí, por cuyo

FIG. 97. Bella morena cordobesa

motivo su colocación sobre el pecho era
de porte invariable. Por el contrario, la chalina, por tener que anudarse nuevamente
cada vez que se coloca alrededor del cuello,
se presta a la obtención o compostura de diversos lazos, siendo uno de los más corrien-
tes, después del lazo bohemio, el de pequeño
nudo corredizo con largas puntas o patas
salientes caídas libremente sobre el pecho, o
sea el que se distingue en la belleza bulevar-
diera que se representa en la figura 96; lazo
que, en el presente caso, resulta tan picares-
co como la *pose* de hembra felina de la mujer
que lo lleva, cuya expresión parece la de
acechar al joven ratoncito o al ratón demasiado machucho que, por ser los más fáciles
de atrapar, espera poder devorar entreteni-
damente con su boquita gatuna de diminu-
tos dientes; y cuyo lazo, a pesar de ser del
propio color que el de su respectivo vestido,
resalta grandemente, por servirle de fondo la
especie de ancha chorrera blanca que adorna
las aberturas de su cuerpo.

El nudo de tales corbatas varía en extensión y grueso según la flexibilidad o rigidez

de su respectiva tela. Para las de nudo pequeño se prestan más los tejidos de seda ligeros tenuamente aprestados. En cambio, para las de nudo grande, como, por ejemplo, el de la corbata que lleva la bella morena cordobesa que se representa en la figura 97, resultan más apropiadas las telas tupidas o las ligeras bien fulardadas. Bajo tales condiciones, consideramos mayormente armonizables con las condiciones físicas de la mujer, aquellas corbatas cuyas telas de seda son de color unido o liso, pero de tono contrastante con el del color también unido de la blusa o del cuerpo de su respectivo traje; de cuya manera si la corbata de nudo pequeño se presta bien para hacer destacar graciosamente la expresión más comunmente alegre, juguetona y risueña de una belleza rubia, habillada con un adecuado traje: la de nudo grande contribuye a realzar extraordinariamente la fisonomía generalmente acompasada y seria de una morena hermosa; en cuyo caso el color vivo y fuerte de su corbata armoniza mucho mejor con el color de sus labios, generalmente rojos y sensuales, y con el de sus ojos, por lo común grandes, brillantemente negros y apasionados.

¡Armonía y contraste de colores entre los de la tez de la mujer y los de las prendas de su respectiva indumentaria que, a nuestra alma, constantemente joven —al decir de todos mis penegiristas— le ha sido siempre agradable admirar y poder enaltecer!

ILUSTRACIONES DEL CAPITULO VII

VIII. CONTINUACIÓN
DEL ANTERIOR

Dedicamos este capítulo del presente trabajo, complemento del anterior, a la descripción de otros distintos aspectos de la aplicación y uso de la corbata femenina y como canto a los encantos que la bien apropiada adopción de aquella prenda puede ocasionar a los naturales atractivos que ya de por sí tiene la mujer. Ser que, no solamente por sus condiciones físicas y morales, si que, también, por el airoso y elegante porte de su respectivo vestuario, ha sido objeto de tan diversos como contradictorios comentarios por parte de los escritores y poetas de todas las edades.

Efectivamente: quizá ningún otro tema, como el de la mujer, confirma más plenamente aquel conocido adagio de que *todo el mundo habla de la feria según le va en ella,* o sea, en el presente caso, que la diversidad de opiniones que a los hombres les merecen las mujeres, son las derivadas, por regla general, de la reciprocidad o contrariedad de sentimientos con que se han visto correspondidos por parte de las mismas en el amor que aquellas hayan llegado a inspirarles. Amor que el hombre se considera siempre digno de merecer, aún cuando tal condición le haya sido negada alguna vez a la mujer.

Efectivamente: según Mostesquieu manifiesta en su *Espíritu de las leyes,* en Grecia a las mujeres no se las consideraba dignas de participar del verdadero amor, por tener tal sentimiento entre los griegos una forma de expresión que él no se atrevía a explicar. Y aun cuando Voltaire opina escuetamente que las mujeres han nacido para agradar y para ser el adorno de las sociedades: nosotros, por considerar que también han nacido para amar y que, por lo tanto, son dignas de particular del verdadero amor, aceptamos la opinión más ideal de Plutarco, de que en el amor de las mujeres hay algo de divino que,

Fig. 98. La emperatriz Eugenia

comparado con el sol, anima nuestra propia naturaleza. Efectivamente: las miradas de la mujer amada, al ejercer sobre nosotros un influjo ígneo y vivífico como el de los rayos del astro solar, encienden en nuestra mente la llama potente y abrasadora que nos induce a la realización de las más temerarias y arriesgadas empresas y al logro de un mayor y más positivo bienestar, con el cual poder satisfacer de una manera grata el amor que aquella en nuestro pecho haya logrado inspirar.

Y como para inspirar amor es preciso agradar y un cuerpo ya de por sí agraciado destaca tanto mejor cuanto más lo realza el marco de su respectiva indumentaria, de aquí se deriva la gran importancia que tiene para toda mujer el saber elegir de una manera bella, o sea de un modo armoniosamente adecuado a sus respectivas facciones, todas y cada una de las prendas de su vestido y de un modo preferente, por su destacada vistosidad, la forma y color de su corbata, en las circunstancias en que así lo requiera la moda o la determinada finalidad del traje.

Y si ha sido precisamente el hombre, qui-

FIG. 99. Traje de amazona

zás con exagerada pretensión, quién al hablar de sí mismo, ha escrito que una corbata bonita, bien elegida y combinada, fascina como un talismán: hemos de convenir que el uso de tal indumento, en los casos en que éste sea utilizado por la mujer, como ya lo es en muchos de sus trajes de tricot, a más de deslumbrar, atraer y fascinar, puede contribuir a la consecución de su dicha futura, al merecer el agrado del hombre cuya correspondencia simpática es la corriente que produce, primeramente, la chispa que funde el sentimiento amoroso de dos corazones, en una misma llama; más tarde, el ansia pasional de sus vidas paralelas, en un mismo anhelo; y, finalmente, el supremo goce de todo su ser, en el acto material de su recíproca posesión.

Sublimidad del amor a que solamente puede llegar el corazón de la mujer constante en sus sentimientos verdaderamente pasionales, o sea aquella que no toma el amor como frívolo o simple pasatiempo; pero imposible de alcanzar por aquella otra que—aun cuando el Amor ya sea de por sí bastante jugue-

Fig. 100. Traje de caza

tón—es más bien ella la que juega con el amor, al coquetear caprichosamente, en sus concesiones amorosas, de uno a otro de sus adoradores, con la misma frivolidad con que cambia la forma de sus corbatas de uno a otro de sus trajes.

Formas diversas que se vienen usando de una manera variable para diferentes vestidos, conforme se desprende del capítulo anterior y, algunas de ellas, de una manera casi constante para determinados y característicos trajes, tales como, por ejemplo, los que visten, por una parte, las mujeres de la alta sociedad en sus deportes ecuestres y cinegéticos y, por otra, las aviadoras, las pelotaris y las jugadoras de tennis.

Por lo que hace referencia a las primeras, podemos manifestar que, según todos los mitógrafos, las amazonas significaban en su origen mujeres de mamas numerosas o turgentes, a imagen de los mil senos de las nubes que vierten las aguas y fertilizan la tierra; pero actualmente y aun cuando en sentido figurado se dé también este nombre a la mujer alta y de ánimo varonil, son más co-

Fɪɢ. 101. La señora Peltié en su aeroplano Delagrange

munmente consideradas como tales las que
montan a caballo, sean más o menos varoni-
les o más o menos altas; usando para ello un
traje, por lo general, casi siempre negro, de
falda muy larga, chaqueta bastante escotada
sobre una bien almidonada pechera blanca y
cuello alto, debajo del cual destaca una corbata de lazo estrecho, elegante y aplanado,
al estilo del de la corbata ceremoniosa, de
seda Otoman o Royal de tono unido; o sea
tal como el que era ya llevado, en su traje
de amazona, por la emperatriz Eugenia (figura 98), aquella ilustre y bellísima compa-
triota nuestra que, por considerarse demasiado elevada, por la nobleza de su cuna, para
ser la querida de Napoleón III, pudo subir las
gradas del trono imperial de Francia y sen-
tarse en él, por haber replicado a tiempo a
los deseos impuros del que más tarde fué su
egregio esposo que, si bien no siempre había
tenido libre el corazón, había sabido ser
siempre y en todo momento la *señorita* de
Montijo; cuya forma de corbata adoptada por
ella continúa usándose aún en los modernos
trajes de amazona (figura 99).

Fig. 102. Grupo de señoritas pelotaris

El traje que ha venido usando la mujer para su deporte ecuestre, ha sido siempre serioso, grave y bien ceñido al cuerpo, cual cumple al aire por lo general elegante, reposado y majestuoso con que aquella se asienta o posa sobre la respectiva silla del caballo. Pero en el deporte cinegético, en el cual la mujer despliega con mayor entusiasmo y habilidad su buena aptitud de amazona al saber incitar, estimular y dominar al potro, no solamente por puro sport, sino para poder seguir con más placer todos los incidentes de la caza: necesita una mayor libertad de movimientos y, por tanto, un traje de hechuras más holgadas que las del traje de amazona, el cual suele ser, en el presente caso, de falda negra, chaqueta y chaleco de color bien contrastante con el de la falda (figura 100) y debajo de cuyo chaleco, un cuello-corbata de plastrón, de cualquier clase de tela, disimula la camisa de tal manera, que ésta, por no ser nada vista, puede llevarse de suave y fina batista, ocasionando por su flexibilidad más libertad de acción al cuerpo de la mujer.

La holgura y comodidad del traje de caza

FIG. 103. Jugadora de tennis

y la elegancia y gravedad del vestido de amazona, las reunió la señora Peltié en su apropiado vestido de aviadora al pilotar por primera vez uno de los aeroplanos Delagrange (figura 101), cuyo traje negro constaba de falda y chaqueta sobre una ligera camisa blanca de finísimo madapolán, con cuello sin almidonar y corbata negra de lazo estrecho y pequeño, o sea sin pretensión alguna en cuanto a este último particular, no solamente por llevarlo apropiado a la elegante sencillez de su vestido, sino que también, quizás, por haberlo considerado como accesorio de poca importancia con relación a la de las alturas a que ella aspiraba remontarse.

Por su parte, el traje de las pelotaris de unos doce años atrás (figura 102), era de tal modo que sus ropas breves, blancas y sueltas, al alzarse la primera raqueta y al sonar instantáneo el áspero vibrar de un rebote al comenzar la lucha, las hacía aparecer durante los reveses, boleas y sotamanos de los partidos que jugaban, cual vuelo de blancas gaviotas sobre el mar. Y así como el blanco de estas últimas aparece realzado o adornado

Fig. 104. Jugadora de tennis

por los extremos negros de las plumas más
grandes de sus alas, el vestido de aquellas
pelotaris, de un modo parecido al del plu-
maje de dichas aves marinas, llevaba solamente el diminuto adorno negro que trazaba,
sobre su pecho, el pequeño cordón que utili-
zaban para abrochar la abertura del traje, al
pasarlo de uno a otro de sus respectivos oja-
les, cuando ello no tenía efecto por medio
de botones blancos; en cuyo último caso el
aditamento al mismo de una chalina negra
en forma de lazo bohemio, armonizando con
el color negro de la boina de su tocado, si no
perjudicaba la hermosa faz de las pelotaris
guapas mozas, que no querían pasarse sin una
y otra cosa, favorecía, más bien que no perjudicaba, las facciones vulgares de las menos
agraciadas.

Y casi lo propio cabe decir con respecto
a las corbatas negras que son usadas, también, sobre trajes blancos, por las actuales
jugadoras de tennis, algunas de las cuales en
lugar de la corbata bohemia que lleva la de
la figura 103, usan la corbata de nudo de
pala o estola, tal como la de la figura 104.

Variaciones que, al ser más o menos felizmente aplicadas, favorecen más o menos bien —conforme ya se ha indicado al comienzo del presente capítulo— las naturales gracias que ya de por sí tiene la mujer; en cuyo caso al resultar más sobresalientes sus encantos, ésta puede llegar a ser para el hombre lo que Shakespeare dijo que ella es: un manjar digno de los dioses... ¡cuando no lo guisa el diablo!

ILUSTRACIONES DEL CAPITULO VIII

Fig. 98. (De «La Esfera» – Año 1919, número 285 – Madrid).

Fig. 99. (De «La Esfera» — Año 1918, número extraordinario — Madrid).

Fig. 100. (De «La Esfera» — Año 1917, número 163 — Madrid).

Fig. 101. (De «La Ilustració Catalana» — Año 1908, número 18 — Barcelona).

Fig. 102. (De «La Esfera» — Año 1919, número 268 – Madrid).

Figs. 103 y 104. (De «La Esfera» — Año 1915, número 91 — Madrid).

IX.   CONCLUSIÓN

A pesar de la progresiva perfección que se constata, a través de los tiempos, casi en todas las manifestaciones evolutivas de las cosas y las costumbres, en el uso de la corbata no ha sucedido así, por cuanto ninguna de las diversas transformaciones de ese minúsculo accesorio del vestuario masculino ha revestido la magnificencia y elegancia de la corbata aristócrata de muselina blanca con adornos de valiosos encajes y finos bordados, también blancos, usada por Luís XIV; sobre todo cuando sobre el pecho del Rey Sol — conforme puede apreciarse en sus retratos pintados por Lebrun, Mignard, Largillière y Rigaud— aparece complementada o simplemente formada con lazos de estrechitas cintas de seda de raso punzó, o sea del color de la amapola, o bien de color escarlata, o sea de

carmesí fino menos fuerte que el de la grana
o bien de color naranja más o menos subido,
o de color celeste más o menos pálido; en el
conjunto de todos cuyos colores, la crónica
maliciosa de aquellos tiempos quiso primeramente entrever y más tarde descifrar los mis-
terios de la galantería más sensual que no
espiritualista hacia el bello sexo, tan pródiga
y fervorosamente dispensada a sus favoritas
por aquel rey tan amante del fausto como
del placer venéreo. Y, en cada uno de aquellos colores, la curiosidad cortesana pudo
llegar a adivinar la designación del favor
real que Luís XIV pretendía otorgar, según
el color de las cintas que formaban o ador-
naban su corbata, a la dama cuya divisa era
la del propio color.

Luís XV puso de moda la corbata de seda
formando un nudo a manera de roseta, de
bagas anchas y puntas recortadas, desde la
periferia al centro, por cada uno de sus
lados, o sea formando ángulo; cuya corbata
fue llamada *a la cancillera* por ser, probablemente, más que del gusto suyo, del agrado
de la esposa de alguno de sus secretarios. La

FIG. 105　　　　FIG. 106

Corbatas de fantasía

cual cosa no es de extrañar, por cuanto ya
es sobradamente conocido que si Luís XIV
consideró casi siempre el amor como un
pasatiempo, o como una especie de *juego de
la correhuela, que los inconstantes y mudables
lo catan dentro y lo catan fuera*. Luís XV,
por su parte, fué el juguete de todas sus
queridas.

Luís Capeto, sin parar mientes en la clase
de corbatas usadas por su abuelo Luís XV,
al cual sucedió: rememorando la que fué
estilada por su ilustre antecesor Luís XIV,
reanudó la moda de la corbata de muselina,
y si bien la usó exenta de la ampulosidad y
adornos de aquella otra, dió a sus respectivos
lazos una diversidad tan grande de formas,
que sus elegantes variaciones llegaron casi al
infinito.

Durante la Convención, los *sansculottes*
(descamisados) fueron considerados también
como los *sans-cravates*, por cuanto al llevar
la camisa sin cuello abrochado, pudieron
prescindir de toda clase de corbata, cuyo
aditamento al traje consideraron como objeto
de lujo y, por tanto, indigno de la austeridad

FIG. 107   FIG. 108   FIG. 109
Corbatas «vestido»

de los principios demoledores por ellos profesados.

A partir de la época del Directorio, la juventud dorada, los currutacos y sobre todo los *increíbles*, introdujeron seguidamente las modas de corbata más caprichosas y extravagantes de aquellos tiempos. Los miembros del Directorio, por el contrario, usaron en las ceremonias públicas una corbata relativamente pequeña y seria, de muselina blanca, sin puntas aparentes; y los del partido realista, por contraposición a aquellos, como divisa o contraseña, llevaban una corbata gruesa de color verde.

Durante el período del Consulado, la corbata fué de una altura excesiva alrededor del cuello, siendo, de buenas a primeras, formada por un pequeño nudo sin roseta.

Al advenir el Imperio, Napoleón resucitó la corbata aristocrática de la antigua monarquía; siendo, la que llevó en su consagración, formada a pliegues ondeantes de tul, pendientes de un cuello del mismo género, dentado a lo Francisco I. Y los senadores la llevaban en igual forma, pero sin cuello, o

FIG. 110. « Giovani italiane »
del partido fascista

sea al estilo de Luís XIV. Los funcionarios administrativos de la misma época, usaban una corbata igual a la que habían llevado los miembros del Directorio en las ceremonias oficiales. Y las corbatas empleadas por los particulares, tenían orladas sus puntas con motivos calados, alguna vez bordados, formando gruesas bagas abultadas y estrujadas, llamadas coles. Todas ellas mucho menos sencillas y más aparatosas que la que de ordinario llevaba el gran Napoleón, formada simplemente por un estrecho y largo pañolin de seda negra con un ligero bordillo blanco y con doble vuelta alrededor de su propio cuello, por no llevarlo a propósito la clase de camisola por él usada.

Las corbatas estiladas durante el período de la Restauración fueron tan grandes, que se cuenta que un tal Labédoyère, que fué condenado a muerte, antes de su fusilamiento ofreció su corbata a uno de los soldados del pelotón que debía ejecutarlo, y al no querer admitirla éste, por prohibirlo la ordenanza, le encargó que tapase con ella su cara, una vez muerto.

Fig. 111
Corbata bohemia
en forma de mariposa volante

En tiempos de Luís Felipe, las corbatas se usaron menos subidas de cuello y sobre todo menos estiradas y erguidas y de un tamaño más pequeño que las del período anterior; cuyo tamaño fué nuevamente rebasado por el de las corbatas de color rojo, que usaron los revolucionarios de 1843.

A partir de esa época y hasta nuestros actuales tiempos, han variado, constantemente, primeramente las formas o maneras de anudarse las chalinas y pañolines a tal indumento destinados y, más tarde, las formas o composturas de la corbata de confección, conforme queda explicado en sus correspondientes capítulos del presente trabajo y resumido en el presente.

Formas y variaciones de que ha sido también susceptible la corbata femenina, de uso intermitente en su respectivo vestuario. En estos últimos tiempos, sobre todo en las blusas de género de punto para niñas, señoritas y señoras, la corbata se usa más que antaño, disputándose su preferencia la corbata de fantasía o sea la de color o dibujo distinto del color o dibujo de la tela de la blusa o del vestido, por una parte, (figuras 105 y 106) y, por otra, la corbata-vestido o sea la confeccionada con la misma tela del vestido o de parte del vestido (figuras 107, 108 y 109) y, más que ninguna, tiene actualmente popular boga, en Italia, la corbata negra de nudo de pala o estola que ostentan sobre su blusa blanca, armonizando con el color, también negro, de su falda, las «giovani italiane» del partido fascista (figura 110), cuyas mujeres quiere Musolini que ocupen, en *su estado*, el lugar que ocuparon las mujeres de la antigua Roma en el suyo: siendo madres de soldados, esposas de soldados y un poco soldadas ellas mismas: cuya excesiva *soldadura por presión* efectuada bajo la acción intermediaria de un sentimiento brutalmente imperialista, será substituída, en el porvenir, por aquella otra *soldadura autógena* efectuada sin otra intervención que la del calor ideológico sentimental y humano del propio ser, cuando de una manera universal sea la corbata bohemia, en forma de mariposa volante (figura 111), la que simbolice más bien en sentido intensamente espiritualista más que extensamente material. el aleteo anímico del corazón de la mujer, y cuando al unísono las de todos los países, lancen al aire, victoriosamente, el canto de «amor y libertad» ya citado en otra parte del presente trabajo:

> Allá en lo profundo del alma bohemia,
> se enciende entre besos la loca pasión
> y siempre dichosos la vida cruzamos
> y **libres** cantamos las glorias de amor.
>
> .   .   .   .

FIN

ILUSTRACIONES DEL CAPITULO IX

INDICE